20 POEMAS
DEL
OLVIDO
Y SUS
DESTIERROS

DOUGLAS BURGOS

Contenido

Nombre del título
Derechos de autor
Dedicatoria
Agradecimientos
Prólogo
EN MI RECORDAR DE TI 1
VIAJÉ AL AYER, HOY 2
LA CÁRCEL 3
ESENCIA 4
CALLEJÓN DEL ALMA 5
DE AYER 6
BESOS DE SOL 7
LA CASA DE LAS ALMAS 8
ANDANTES 9
¡OJALÁ! 10
PUEDE 11
MÍSTICA ROSA 12
SIN DESTINO 13
METAMORFOSIS 14
ES 15
COMO HOY 16
ACERTIJO 17
DAME 18
¡VUELA! 19
HAY 20
Acerca del autor
Próximamente
Visite

Derechos de autor

DB Publishing
DB Business LLC
Maryland, United States
dbbusiness.com

DB Publishing es una división de DB Business LLC. El nombre DB Publishing y el logo son marcas registradas de DB Business LLC.

Primerea Edición: Febrero 2020

El editor no es responsable por páginas web (o sus contenidos), que no son propiedad del editor.

ISBN: 978-1-7369987-3-1 (pb) / 978-1-7369987-4-8 (digital)

Impresión 1, 2020

Impreso en los Estados Unidos de América.

Dedicatoria

En memoria de mi padre

Gustavo Adolfo Burgos Burgos

Agradecimientos

Con tantas personas a las que se les debe algo, la gratitud, no es suficiente.

A mi madre Sebastiana, mi latir y guerrera preferida.

A mis padres putativos: Naña, Augusto y Lourdes, Virgilio y Mayo; más que guías, son luces que nunca se apagan.

A Dios, o el Universo, por darme todo cuanto soy.

Prólogo

Nací en medio de un ambiente que me ofreció el privilegio de conocer: de la noche sus silencios y, del monte, su secular misterio.

Así escribía por medio de canciones mi imaginar y sentir del mundo. Era mi Universo perfecto, invisible para los demás, pero tangible, en lo fantástico de mis silencios.

Después crecí saboreando los errores para caer en el dulce manto de la experiencia. Por tanto, es más que experiencia la poesía contenida en lo ínfimo de una vida plena.

20 Poemas del Olvido y sus Destierros, son el transcurrir de la vida en medio de sus infinitas muertes y resurrecciones. O son, el amor y sus antagónicos secuaces, esculpiendo amargos abrazos y dulces despedidas.

20 POEMAS

DEL

OLVIDO

Y SUS

DESTIERROS

EN MI RECORDAR DE TI

Ahora, en el lugar donde guardo mis recuerdos
busco lo que calla la oscuridad a la luz,
en el andar de mis memorias solas.

Y hoy te solté desde mi corazón
al pedazo de cielo que guardé para ti,
hasta verte volar, al rincón de mis lejanos sueños.

Derramando pensamientos recuerdo que te amo, más porque
soy tú, que por creer, ser yo mismo.

Soy un río desbordado de felicidad en tu corazón, y
nací de ella, deshojando suspiros, en mi recordar de ti.

VIAJÉ AL AYER, HOY

Yo, fui alado, detenido del tiempo. Escupido de noches que
acechaban con flechas, las neblinas de mis silencios.

Y mataron al sol ese día, tal, si fuera yo:
del amor, la elegía; y del olvido, pendencieras cenizas de un
infierno solo.

Sembrado de olvidos y estremecido de ocasos, cabalgué en su
cintura, hasta sus seductores brazos.

Ya envuelto en sus incógnitas, la alborada,
era su beso embriagador; traslúcido sueño,
de negadas respuestas.

Pero las preguntas se irguieron en su caminar a un sol,
que da vidas distintas, y llena lo vacío
e intrascendente de sí.

LA CÁRCEL

A la cárcel me adentro: a volver al sufrir,
condenado al sentir; por volver a callar, al volver a vivir.

Son aldabas pendiendo del prófugo de mí. Quien, derrite
cadenas, imaginando existir.

Y espantando al tiempo sus heridas solas,
muero al olvido, de tardes sin mí. Soy ahora y, entre míos, los
caminos con Dios.

Ahora muero a ti. Ahora nazco en mí.
Ya no estoy, en mis palabras solas: ahora hechizo a la luna,
con los antojos míos.

ESENCIA

Desde el altar de tus silencios: donde no es el tiempo, la distancia, y el lugar es ninguno; la nada, me llama a ti. Desde allá me nombras, desde allá suspiras, y susurras mi nombre de alma.

Pero puedes ser la prisa, puedes ser la calma.
Puedes ser cuanto te antojes sin pensar y,
entiendes ser, sin tu forma de mí.

Por eso, sin prisa y sin calma, al lado del fuego
y del agua, eres puro misterio: el alma
del alma, génesis, y voz. El amor... Tú.

CALLEJÓN DEL ALMA

Por allá en un rincón del sueño: solitaria, mojada de noches y untada de callejones, en el frío te encuentras. Sin escudos, sin espadas, y con un batallón de cosas por dar que no te levantan del letargo de la soledad, que de mí te separa.

Y cuando el frío te abraza, ¿quién te abriga, sino yo? Dime..., ¿quién me canta al alma, cuando perderme quiero, en lugares que no encuentro; y ahogar busco, mis llantos silenciosos de dolor?

Dame la mano que me lleve del oscuro túnel a la luz, y busca mi deseo de volverme inspiración. Escapa cual río de la montaña lejana, y del andén donde estás tirada: ¡dale al alma su lugar!, que ella sabe, para qué lo necesita.

Ahora, ¡se el milagro! Que la noche helada se escondió del sol, tiembla de miedos y se abrigó en un lucero de este corazón.

Escapa a mi sonrisa y mécete en la brisa, al vaivén de su canción. Ya que te escribo, para que sepas, que estás despierta, y que sólo duermes en sueños del ocaso; que te abrió, su callejón.

DE AYER

Él, ¡viene de ayer! De mundos tan lejanos y desconocidos, a muchos años luz, y memorias de mí. A muchas lluvias y atardeceres eternos. De días, que abren sus alas al viento, para llevarme hasta un cielo donde el silencio adormece el corazón, y la noche estrellada narra historias de amores; entre soles perdidos, de la bruma eterna.

Él, es...: ¡Resurrección!

BESOS DE SOL

Colgadas del amor, las lunas, de este corazón, iluminan tus noches oscuras desde el antes y el después. En tus risas, pesares, y en el suave aroma que tu cuerpo deja en la brisa sin piel.

Y te regalé una luna con mil luceros para que en tus días y noches, te sonrían: con su inocencia, cercanía, y en el letargo de esta absurda lejanía.

Con sus miradas y preguntas calladas, ¡te habla de las horas mías! Su fugaz silencio, cual, aguijón del olvido, te recuerda aquellos besos furtivos al calor de la hoguera apagada; que un latido sembrara, al tiempo de amar.

¡Déjame en la ruta de un sí! Donde alumbren mis lunas y sonrían los ocasos. Para abrazarnos sin cuerpos y, encender en las noches, tus besos de sol.

LA CASA DE LAS ALMAS

¡Dime, si voy?, o ¡dime, si me quedo? Cuéntame, cuentos de
hadas, desde el lugar donde estás.

Dime de tu calor, porque me hallo, donde nace el frío;
buscando tu respiración, para calentar mi olvido.

Y en el trono del silencio donde habitas y no estás, es el lugar
donde la realidad es imaginación e imaginar, no existe.

¡Ven!, ¡dime si me quedo en la ciudad de la oscuridad?
Donde hay lugares hablando de ti, y los silencios me detienen
en las luces de tu rostro ausente.

¿Dime si me quedo con los fantasmas de las soledades!, que
bien saben guiarme. Ellos, me acompañan en sus ratos libres
y, dicen, que me olvidaste siempre.

Aquí no muero, aquí no vivo; ¡aquí no existo porque sí! Aquí
perduro y ¡nadie me ve!, en...
¡La casa de las almas!

ANDANTES

Caminos de tierras lejanas escondidos en mundos sin destinos, y en el beso tirado a la orilla, de la ruta prohibida. Donde el viento juega con las hojas caídas del amor, y torbellinos del ocaso, dibujan, lo que en la distancia es noticia ya.

El manto nocturno va abrazando las pasiones al andar, y el frío, desnuda, poco a poco la respiración. Luego, la luna y el misterio hacen una honda herida a la noche. Entrando en tus entrañas, haciéndola, indefensa y vulnerable de ti.

¡OJALÁ!

¡Ojalá!, te estruja, triture, y sacuda la aurora a su alba; y en ella, cabalgues errante hasta el lomo de una montaña olvidada. Para que en lo más alto de su pico, gota a gota, te desangres de moribunda soledad.

Que formes ríos y te hagas turbulencias al recorrer valles y praderas. Que sin quejarte, experimentes, viva, el inefable dolor del río que se rompe la piel y se desgarra en agonías, antes de secarse. Para luego, llegar al mar y morir en él.

¡Ojalá!, nuevamente mueras, de a poco y un poco más. ¡Ay!... ¡Muérete alma mía!, una y mil veces más, a tu orgullo mal oliente de eternas batallas perdidas. De silentes y sudorientos trasnochos, atrapados, en furtivas pasiones.

Ellos, son fantasmas negados a resucitar y te ofrecen sus soledades, cual, cicuta, que desvanece el arcoíris: derrite sus flechas, evapora la aurora, separa y congela las montañas; y del río…, su cauce, antes de nacer. Y no es sangre ni agua: es sólo, una duda, navegando el mar de tu corazón.

PUEDE

De oruga a mariposa, de blanco a color rosa. Si me quedo no voy y, si voy, es sólo mi culpa. Puede que te arañe un sueño y que te esculpan con el pincel de los hastíos.

Puede que nunca más me encuentres en los andares de tus calores veraneros. Que tu imaginar me haga volar entre tus lados, arrimándome, a beber, tan dulces y prohibidos manantiales.

Puede que hoy me atices hasta el fuego y mañana me humedezcas del agua, cuando no estés; y después me mires en la orilla de tus altos picos, y besando me maldigas.

Puede que seas la verdad, y yo…, la mentira. Pero untada de mí, fuiste pecado y redención.

MÍSTICA ROSA

Acaso, ¿puedes alargar mis horas a tu simple antojo, cual, si fuere, tus hobbies pasajeros del desdén? Acaso, ¿puedes vestirme de smoking, franela y de frac, para danzar sólo contigo en los ballets de tus antojos? ¡No, mi caprichosa!

No sé tú, pero yo, aun cuando fuere mortal, tengo las memorias del tiempo y el calor de una vida dentro de mí, que puso un corazón latiendo.

Soy del calor, soy del fuego, y soy del amor: la piel de un beso que se desholleja, y eriza, al roce de unos labios de mística rosa primaveral. Tan dulce, tan suave y fresca, como un mango de corazón maduro de la huerta de mis recuerdos.

¡No, mi caprichosa! No eres el destino, ni su control. Tampoco, eres silla ni jáquima, para este potro salvaje galopante en mí.

No eres la libertad, sus paisajes, ni el viento que sopla en ella. Sólo eres, soledad, buscando compañía.

Mi potra cerrera, en la lejanía, relincha al viento y galopa en las nubes junto a mí. Saltando, de planeta en planeta, y de estrella en estrella, cazando noches de eterna felicidad.

SIN DESTINO

No importa cuántas verdades mueran en una mentira, ni cuántos silencios en un adiós. O cuánta humildad en la arrogancia halla, ni cuántas sonrisas, en la aridez, del corazón sin Dios.

Acaso, ¿morir no es el recuerdo de la vida? Acaso, ¿no es la sorpresa el sigilo del espanto? Qué importa si te quedas solo, y si navegando en tu barca pierdes los remos; y a la deriva, sin destino alguno, naufragas al dolor.

Dentro de la noche florece el sol, y para todo lo perdido, la brújula de la imaginación tiene un latir muy cerca del puerto que te espera. Por si te espanta el olvido, recuerda: ¡tienes sólo una vida, que no vuelve a morir jamás!

METAMORFOSIS

Y que no envejezcas, te abandonen las fuerzas, o los bríos cerreros de tus apetecidos encantos. ¡Sí!, permanece cual diosa revestida de luz e inmortalidad, para que el tiempo no espante tu lozana belleza.

Que jamás se antojen tus primaveras de ocasos, ni tus veranos, de lúgubres inviernos. Para que nunca conozcas del dolor, sus más crueles metamorfosis: ¡del Olvido y sus Destierros!

Pero si se te antoja sentir amor, besar y extrañar, inevitablemente recordarás que tienes piel; al sentir, caluroso desasosiego. Entonces, huirás de ti misma, resbalando al deseo. Así, serás mortal, ¡diosa mía!

ES

No es que existas, es presentirte
No es que estés, es invocarte
No es tenerte, es extrañarte
No es el sur, son tus nortes
No es el beso, son tus brazos
No es que llames, es que oigas
No es que te vayas, es que te quedes
No es la caricia, es la mirada
No es el fondo, es la forma
No es tu ser, es tu espíritu
No es tu cuerpo, es tu alma
No es caminar, son tus huellas
No es el destino, es sólo el trayecto.

COMO HOY

Tal vez el Universo y su fraguado paso del amor, con susurros, de ecuánime silencio, fue el arquitecto que pinceló su pensar en un ser de Sol.

¡Así, me parió mi madre! Por el milagro de la vida, desde su vientre bendito, nací al mundo, desnudo en cuerpo y alma.

El instante de dolor y felicidad que ella viviera, me recuerda, que se vive para recorrer caminos de abrojos y espinas. Que la alegría comienza desde el momento en que das a los demás, de lo poco que tienes, y no, de lo que sobra.

Que la verdad, el amor, y la justicia, son la espada y el escudo del guerrero. Quien, vive pensando, que algún día habrá de morir, para nacer nuevamente.

Si para bien logras que el mundo te recuerde..., habrá tenido valor, y sentido tu vida.

El amor que nos fue sembrado tiene fuerza y, también, ¡poder! ¡Trasciende y haz trascender!: porque hoy son almas con fronteras, todos los espíritus, que se esconden de la fe.

ACERTIJO

De carne y hueso, de lo lleno y vacío. De la premura y el tiempo, del amor y el odio; de lo que moja y seca. Profundos silencios de musicales sonidos son sus ojos y su lejana presencia, que: apetecen, endulzan, embriagan y satisfacen.

Es la dulce y predilecta amante que mata y resucita a los jardines perfumados del Edén. Pero así, así se me antoja como la dulce miel o las uvas maduras.

¡Arrogante e irreverente!, que hasta imposible es, hallarla sin espinas. Es, flor con espinas porque hace el amor con sus preguntas y, llega al éxtasis, con sutiles respuestas.

Es, hasta el fin del desangre, y olvida, hasta la muerte. Imperfecta como mi vida e irrepetible como yo. Y no dejó molde de su investidura, pero se le extraña; y su alocada risa, aún retumba en mis profundos abismos.

Sólo sé que huye de viento en viento, de lluvia en lluvia y de flor en flor, por la ruta del inequívoco mañana. Pero allí, ¡volverá! Al mañana volverá porque aún es de sangre en las venas, y de alas rotas, que retoñan, tal si fuera el mismísimo Dios.

DAME

Un nuevo tiempo, una nueva historia. Dame esas razones como viento que eleve mis alas de esta soledad. Dame lo que ignoras, o lo que esconden tus motivos; si es que enhebran suspiros, al buscar silencios de dulce libertad.

No acampes en desiertos, al sembrar, en ellos, latidos fugaces de tu corazón. Porque regarías flores en inviernos, colgarías estrellas en abismos, fingirías amor sin que haya besos e inventarías paz a los tormentos: asumiendo ver sin haber visto, y viviendo la fe sin Jesucristo... Al fingir, suspiros sin regresos.

¡VUELA!

¡Sí! ¡Vuela! Aunque no seas de tiempo y tampoco de viento.
¡Sí!, y aunque la distancia te rete y enceguezca tu inefable
deseo.

¡Vuela! Aunque tus alas no estén listas, aunque tu plumaje no
madure, a fuerza de querer.

¡Vuela! Aunque los altos riscos te ofrezcan dolorosas caídas.

¡Vuela! Aun cuando el dolor te depare su mejor versión y
bienvenida; y te desangre las ganas, de volver a levantarte.

¡Vuela! Aun cuando sin garras, ni pico, ya te estés muriendo.
Aun cuando agonices, agarra el sueño, quédate en las nubes.
Espera el viento y aprieta su destino, que él, se regresa,
aunque no quiera.

Que de las alas rotas y los sueños caídos, brotan nardos
perfumados que dan un nuevo plumaje: valor, osadía y
templanza, al carácter de los elegidos.

¡Vuela! Que las águilas no sólo se renuevan; ellas, ¡renacen de
sus propios olvidos!

HAY

¡Hay días, de días! Los hay, largos como la distancia y profundos como el mar.

Hay días eternos como el tiempo, y días, cortos, como un beso temeroso.

Hay días que nacen y mueren, y siento, con ellos, nacer y morir también.

Hay días que me encuentro y me hallo perdido en tus miradas y locas pasiones.

Hay días en que agarro tus pestañas, trepo por tus ojos, y me encuentro contigo donde la nada se desvanece. Allí, enturbias los olvidos de los días en que te vas; de esos ¡benditos días!, cuando me apeteces.

ACERCA DEL AUTOR

Douglas Burgos es de nacionalidad colombiana.

Cuenta con una larga trayectoria como folclorista y músico intérprete. También es cantante, compositor, productor y arreglista; y con su grupo musical, hizo presentaciones en distintos medios y escenarios.

Participó en festivales de música, poesía, y publicó relatos urbanos en un periódico local de su país.

Con **20 Poemas del Olvido y sus Destierros,** su primer libro publicado, muestra las dimensiones de la vida a través de la poesía.

Reside en los Estados Unidos de América.

PRÓXIMAMENTE DE DOUGLAS BURGOS

La Cárcel
Poemtopía
La Naturaleza Del Pensamiento
Un Viaje Para Nunca Volver
El Misterio Del Milagro
Orión

Para una lista completa de libros por

<u>**DOUGLAS BURGOS**</u>

VISITE

DouglasBurgos.com

Seguir Douglas Burgos en Facebook

@DouglasBurgosA

Seguir Douglas Burgos en Twitter
@DouglasBurgosA

Seguir Douglas Burgos en Instagram
@DouglasBurgosBooks

www.ingramcontent.com/pod-product-compliance
Lightning Source LLC
LaVergne TN
LVHW041929090826
845145LV00017B/2769